tout blender

Dans la même collection

Conception graphique : Rachida Zerroudi
Connectez-vous sur : www.lamartinieregroupe.com

ISBN : 978-2-8307-0998-8

Tout blender

30 recettes de smoothies et cocktails

*

Buvez frais et sain !

Sylvia Gabet

Photographies Laurent Grandadam
Stylisme Julie Schwob

Minerva

sommaire

tout salé

tout sucré

introduction

Qu'est-ce qu'un smoothie ?
Le mot vient de l'anglais « smooth », qui veut dire lisse, satiné, moelleux ; il a été inventé dans les années soixante aux États-Unis par le fondateur de la chaîne Smoothie King® pour désigner ces boissons extra-fraîches, à base de légumes et de fruits, mixés avec des glaçons ou de la glace pilée, et éventuellement enrichis de laitage et de céréales.

Il faut se rappeler que le smoothie se déguste frais : on commence par mettre tous les ingrédients du smoothie, fruits et légumes compris, au réfrigérateur. Éventuellement, on utilise des fruits surgelés. Et, surtout, on le consomme dès qu'il est prêt, car c'est un mélange instable, qui s'oxyde au contact de l'air. La vitamine C, par exemple, est détruite en 20 minutes... Le mot cocktail, vient également de l'anglais et signifie « queue de coq ». Ce qui nous rappelle qu'un cocktail réussi est une harmonie de couleurs et d'ingrédients !

Valeur nutritionnelle : La consommation de fruits et de légumes est bien sûr un facteur de santé, de bien-être, et de renforcement des défenses immunitaires. Mais attention ! un verre ou un demi-verre de smoothie équivaut à un seul des cinq fruits et légumes conseillés par jour – même si l'on en a mis plus d'un dans la machine – et les fibres des fruits et légumes ayant été détruites au passage, on est moins rassasié, et l'on pourrait en boire plus que de raison… et, dans ce cas, gare à l'apport calorique. À consommer avec délectation donc, et avec modération !

Blender, mais aussi mixer ou centrifugeuse : dans un blender ou un mixer, commencez par verser les ingrédients liquides (le yaourt en fait partie – au moins un tiers de la masse à mixer, selon les appareils, doit être déjà sous forme liquide), puis les fruits pelés et, en dernier, les glaçons. Dans la centrifugeuse, pas besoin de peler, car tous les fruits et légumes de forme

solide peuvent y être transformés en jus mais, au lieu de mettre des glaçons, ajoutez de la glace pilée.

Le choix des ingrédients : Fruits et légumes doivent être d'une grande fraîcheur et parfaitement mûrs afin de contenir un maximum de sels minéraux et de vitamines. Les baies rouges, prunes, mangues et abricots surgelés conviennent aussi très bien. On peut également utiliser des jus de fruits (100 % pur jus) ou même des sorbets. Le laitage peut être du yaourt – classique ou au bifidus, nature ou parfumé, allégé ou non – du lait de vache, de chèvre ou de brebis ou encore de la crème glacée. « Laits » de soja, de coco ou d'amande se prêteront eux aussi au jeu. Quant aux céréales (flocons d'avoine, mie de pain, graines germées, graines de sésame…), elles apporteront la touche finale pour une formule complète et équilibrée. Et pour délayer le tout et servir à la bonne température : quelques glaçons ! Le sucre n'est, la plupart du temps, pas nécessaire. On peut rajouter un peu de miel ou du sucre brun, c'est meilleur pour la santé, ou encore mieux, du sirop d'agave – un cactus –, ou des sirops colorés à base de produits naturels. Incorporés à la fin, ils coulent au fond du verre et apportent une touche décorative. Mais ceci n'est utile que si vous êtes très « bec sucré ». En général, si les fruits sont bien choisis, mûrs à point, ils sont suffisamment sucrés. Vous ne trouverez donc ces sucres que très rarement dans mes recettes. Et enfin, si vous trouvez mes smoothies ou cocktails trop pulpeux (je les aime comme ça), vous pouvez les allonger avec de l'eau.

Astuce : faites des duos !
Dés de fruits frais dessous – smoothie dessus, et hop ! un dessert top tendance ! Un peu d'alcool dans le smoothie, et hop ! un apéro tendance ! (à consommer avec modération.)

Les recettes sont étudiées pour 2 grands verres. Vous pourrez donc régaler 2 adultes ou 4 petits gourmands ! Amusez-vous, créez vos propres mélanges, et buvez frais et sain… jusqu'à plus faim !

Sylvia Gabet

smoothie • vie en rose

POUR 2 PERSONNES *Betterave crue et mâche*

2 betteraves crues
2 branches de céleri
100 g de mâche ou d'épinards
1 yaourt à 0 % de MG
2 cuill. à café de vinaigre balsamique
sel, poivre
4 glaçons

- Entreposez les ingrédients durant 2 heures au frais avant de mixer.
- Épluchez les betteraves à l'économe, lavez le céleri et la mâche.
- Mixez tous les ingrédients et dégustez immédiatement.

BONUS GOURMAND : Ce smoothie très « détox » est assez dense. On peut le détendre avec du bouillon de légumes et en faire une soupe froide délicieuse.

Pulse

cocktail vitalité piquante

POUR 2 PERSONNES *Pomme, roquette et menthe*

4 pommes ou 50 cl de jus de pomme
60 g de roquette (1/2 sachet)
14 feuilles de menthe
2 cuill. à soupe de jus de citron
4 glaçons

- Entreposez les ingrédients durant 2 heures au frais avant de mixer.
- Pelez les pommes si besoin, et ôtez le cœur.
- Mixez tous les ingrédients et dégustez immédiatement.

BONUS GOURMAND : Ce cocktail se réalise avec de vraies pommes uniquement si l'on a une centrifugeuse en plus du blender, mais en choisissant un très bon jus de pomme, ce cocktail est un délice comme avec de vraies pommes. C'est étonnant, c'est frais, c'est acidulé : un délice avec des sushis !

cocktail vert tendre

POUR 2 PERSONNES *Pomme granny-smith, concombre, céleri et menthe*

4 pommes granny-smith
1/2 concombre
1 branche de céleri
2 citrons verts
10 feuilles de menthe
4 glaçons

▪ Entreposez les ingrédients durant 2 heures au frais avant de mixer.

▪ Pelez et épépinez le concombre, pelez les pommes et ôtez le cœur. Lavez le céleri. Exprimez le jus des citrons.

▪ Mixez tous les ingrédients et dégustez immédiatement.

BONUS GOURMAND : Servez ce cocktail un peu épais très frais avec des tartines de tarama saupoudrées de quelques gouttes de jus de citron, ou avec des œufs de saumon sur des mini-blinis légèrement toastés.

cocktail sunset

POUR 2 PERSONNES *Tomate, fleur d'oranger et safran*

3 belles tomates très mûres
1 cuill. à soupe d'eau de fleur d'oranger
1 pointe de couteau de filaments de safran
fleur de sel
4 glaçons
1 filet d'huile d'olive

▪ Entreposez les ingrédients durant 2 heures au frais avant de mixer.

▪ Lavez les tomates.

▪ Mixez tous les ingrédients (sauf l'huile d'olive), et dégustez immédiatement avec un filet d'huile ajouté sur le dessus au dernier moment.

BONUS GOURMAND : Remplacez le filet d'huile d'olive par un trait de vodka : la véritable « Bloody Mary » en sera toute rajeunie ! À consommer avec modération, bien entendu !

smoothie oriental

POUR 2 PERSONNES *Fenouil, concombre et cumin*

1 bulbe de fenouil
1/2 concombre
1 yaourt
1 cuill. à café de cumin
2 cuill. à soupe de ciboulette ciselée
sel, poivre ou Tabasco®
4 glaçons

- Entreposez les ingrédients durant 2 heures au frais avant de mixer.
- Épluchez le concombre et épépinez-le.
- Mixez tous les ingrédients et dégustez immédiatement.

BONUS GOURMAND : Servez avec quelques brins de ciboulette entiers plantés dans le verre.
Vous pouvez remplacer le cumin par du gingembre râpé, c'est aussi très bon.

cocktail • mise en bouche

POUR 2 PERSONNES *Carotte, tomate et concombre aux pignons*

2 carottes ou 20 cl de jus de carotte
2 tomates ou 20 cl de jus de tomate
1 oignon nouveau avec tige
1/2 concombre
1/2 citron
25 g de pignons de pin
sel, poivre
4 glaçons

▪ Entreposez les légumes durant 2 heures au frais avant de mixer.

▪ Torréfiez les pignons dans une poêle antiadhésive à sec le temps qu'ils prennent une jolie couleur.

▪ Pelez les carottes et lavez les tomates, à moins que vous n'utilisiez des jus (1/3 du contenu du blender doit déjà être sous forme liquide), coupez l'oignon nouveau en deux, puis pelez et épépinez le concombre. Exprimez le jus de citron.

▪ Mixez tous les ingrédients et dégustez immédiatement.

BONUS GOURMAND : Servez comme entrée pour 2, ou à l'apéritif pour 4, avec des bâtonnets de concombre ou de carotte pour tremper dans les verres.

cocktail énergie

POUR 2 PERSONNES *Carotte, pomme et raisins secs*

3 carottes ou 30 cl de jus de carotte
2 pommes ou 25 cl de jus de pomme
25 g de raisins secs
4 glaçons

- Entreposez les ingrédients durant 2 heures au frais avant de mixer.
- Mettez les raisins à gonfler dans un peu d'eau chaude.
- Épluchez les pommes, ôtez le cœur et épluchez les carottes, à moins que vous n'utilisiez des jus (1/3 du contenu du blender doit déjà être sous forme liquide).
- Mixez tous les ingrédients et dégustez immédiatement.

BONUS GOURMAND : Servez avec quelques râpures de gingembre frais. On peut faire basculer ce cocktail carrément dans le sucré en remplaçant les raisins secs par une demi-mangue.

smoothie minceur

POUR 2 PERSONNES *radis et concombre*

100 g de radis roses (16 pièces environ)
1/4 de concombre
1 yaourt
sel, poivre ou piment d'Espelette
4 glaçons

- Entreposez les ingrédients durant 2 heures au frais avant de mixer.
- Équeutez les radis, pelez et épépinez le concombre.
- Mixez tous les ingrédients et dégustez immédiatement.

BONUS GOURMAND : Servez avec de la ciboulette ciselée. Avec des fanes de radis, vous pouvez préparer une soupe pour 4 personnes : hachez-les grossièrement, coupez en morceaux 2 oignons et 1 pomme de terre, et faites-les revenir 5 minutes au beurre, à feu moyen. Ajoutez 1 l d'eau bouillante, du sel, du poivre, couvrez et laissez cuire 30 minutes. Mixez au blender et servez chaud… ou frais !

smoothie
gaspacho

POUR 2 PERSONNES *Tomate, concombre et poivron*

3 tomates très mûres
1/2 concombre
1 oignon nouveau avec tige
1 poivron vert ou rouge
100 g de mie de pain
15 cl de lait
1 filet d'huile d'olive
fleur de sel
poivre ou Tabasco®
4 glaçons

- Entreposez les ingrédients durant 2 heures au frais avant de mixer.
- Mettez la mie de pain à tremper dans le lait et laissez au frais.
- Lavez les tomates, pelez et épépinez le concombre, coupez l'oignon nouveau en deux et épépinez le poivron.
- Mixez tous les ingrédients et dégustez immédiatement.

BONUS GOURMAND : On peut aussi ajouter 1/2 gousse d'ail, 1 branche de céleri, 1 poivron rouge ou vert de plus ; les recettes de gaspacho sont multiples. Vous pouvez agrémenter ce gaspacho de petits croûtons, d'un œuf dur coupé en dés, de cubes de tomate, d'une boule de sorbet basilic, de fromage de chèvre, de graines germées ou de filets d'anchois... la liste est sans fin !

cocktail fin d'été

POUR 2 PERSONNES *Tomate, figue et oignon nouveau*

3 belles tomates très mûres
4 figues violettes très mûres
2 oignons nouveaux avec tige
4 glaçons
1 filet d'huile d'olive

- Entreposez les ingrédients durant 2 heures au frais avant de mixer.
- Lavez les tomates. Coupez la queue des figues et ôtez une partie de la peau. Coupez les oignons nouveaux en deux.
- Mixez tous les ingrédients (sauf l'huile d'olive), et dégustez immédiatement avec un filet d'huile ajouté sur le dessus au dernier moment.

BONUS GOURMAND : Servez avec quelques tartines de pain toastées et de fines tranches de coppa. La dolce vita des vacances est bientôt finie, heureusement qu'on a des bonnes recettes comme celle-là pour s'y croire encore.

cocktail corrida

POUR 2 PERSONNES *Pastèque et tomate*

350 g de pastèque
1 tomate ou 12,5 cl de jus de tomate
2 cuill. à soupe de vinaigre balsamique
poivre
4 glaçons

- Entreposez les ingrédients durant 2 heures au frais avant de mixer.
- Pelez et épépinez la pastèque, lavez la tomate.
- Mixez tous les ingrédients et dégustez immédiatement.

BONUS GOURMAND : Servez avec des grissini enroulés de fines tranches de jambon (ibério, c'est encore plus bueno !).

cocktail **acidulé**

POUR 2 PERSONNES *Carotte, framboise, pomme et pamplemousse*

3 carottes ou 30 cl de jus de carotte
1 pomme ou 12,5 cl de jus de pomme
1/2 pamplemousse
ou 7,5 cl de jus de pamplemousse
60 g de framboises
4 glaçons

- Entreposez les ingrédients durant 2 heures au frais avant de mixer.
- Épluchez les carottes, la pomme et ôtez le cœur, à moins que vous n'utilisiez des jus (1/3 du contenu du blender doit déjà être sous forme liquide). Exprimez le jus du pamplemousse si besoin.
- Mixez tous les ingrédients et dégustez immédiatement.

BONUS GOURMAND : Servez à ceux qu'un brin d'amertume ne dérange pas, ils devraient apprécier. Des tartines de fromage frais plein de fines herbes ciselées accompagnent volontiers ce cocktail tout en subtilité.

smoothie guacamole

POUR 2 PERSONNES *Avocat, tomate ou concombre et citron vert*

1 avocat
1 tomate ou 1/2 concombre
1 oignon nouveau avec tige
1 citron vert
1 yaourt
poivre
4 glaçons

- Entreposez les ingrédients pendant 2 heures au frais avant de mixer.
- Épluchez l'avocat et ôtez le noyau, lavez la tomate ou pelez le concombre et épépinez-le, coupez l'oignon nouveau en deux et exprimez le jus du citron.
- Mixez tous les ingrédients et dégustez immédiatement.

BONUS GOURMAND : Servez avec quelques pluches de coriandre sur le dessus et des nachos à picorer à côté. Très pulpeux, ce smoothie est presque aussi dense que le guacamole classique.

smoothie réveil actif

POUR 2 PERSONNES *Betterave cuite, kiwi et concombre*

1 betterave moyenne cuite (200 g environ)
1 kiwi
1/2 concombre
1 yaourt au bifidus
2 cuill. à soupe de vinaigre balsamique
2 cuill. à soupe de graines germées de poireau
fleur de sel
4 glaçons

- Entreposez les ingrédients durant 2 heures au frais avant de mixer.
- Épluchez la betterave, pelez le kiwi, pelez le concombre et épépinez-le.
- Mixez tous les ingrédients (sauf la fleur de sel et quelques graines de poireau) et dégustez immédiatement, en saupoudrant les graines de poireau réservées pour la décoration et quelques grains de fleur de sel.

BONUS GOURMAND : Les graines germées de poireau donnent du piquant à ce smoothie tout doux mais tonique.

smoothie
lovelove

POUR 2 PERSONNES *Poire et gingembre*

2 bonnes poires
1 cuill. à soupe de jus de citron
1 noisette de gingembre frais
ou du piment d'Espelette
1 yaourt velouté
4 glaçons

- Entreposez les ingrédients durant 2 heures au frais avant de mixer.
- Pelez les poires et ôtez les cœurs. Versez le jus de citron sur les poires. Râpez le gingembre.
- Mixez tous les ingrédients et dégustez immédiatement.

BONUS GOURMAND : C'est aphrodisiaque, paraît-il !

cocktail tropico

POUR 2 PERSONNES *Papaye, mangue, kiwi et ananas*

1/2 papaye
1/2 mangue
1 kiwi
1/8 d'ananas
ou 15 cl de jus d'ananas
4 glaçons

- Entreposez les ingrédients durant 2 heures au frais avant de mixer.
- Pelez les fruits.
- Mixez tous les ingrédients et dégustez immédiatement.

BONUS GOURMAND : Servez éventuellement avec un peu de noix de coco râpée. Et si vous n'avez pas de papaye, doublez la quantité d'ananas frais (soit 1/4 d'ananas frais) ou remplacez la papaye tout simplement par 10 cl de lait.

birchermüesli

POUR 2 PERSONNES *Macédoine de fruits*

1 pêche
1 orange
1/2 pamplemousse
60 g de framboises
1 trait de jus de citron
1 cuill. à café de sucre brun
ou de miel
1 yaourt nature
30 g de flocons d'avoine
4 glaçons

- Entreposez les ingrédients durant 2 heures au frais avant de mixer.
- Pelez la pêche, l'orange et le pamplemousse.
- Mixez tous les ingrédients et dégustez immédiatement.

BONUS GOURMAND : C'est le petit-déjeuner parfait préconisé par tous les nutritionnistes, interprété version blender ! Selon la saison, remplacez pêche et framboises par pomme et poire, et ajoutez éventuellement, si c'est trop épais, un peu de lait. C'est bon de se faire du bien !

smoothie
exotic

POUR 2 PERSONNES *Mangue, fruit de la Passion et coco*

1 mangue
1 fruit de la Passion
1/2 citron vert
1 noisette de gingembre
10 cl lait de coco
4 glaçons

- Entreposez les ingrédients durant 2 heures au frais avant de mixer.
- Pelez la mangue et le fruit de la Passion. Exprimez le jus de citron. Râpez le gingembre.
- Mixez tous les ingrédients et dégustez immédiatement.

BONUS GOURMAND : Picasso disait : « Quand je n'ai pas de rouge, je mets du bleu ! » Si vous n'avez pas de fruit de la Passion, mettez des fraises !

smoothie fruit & shoyu

POUR 2 PERSONNES *Fraise, menthe et soja*

15 fraises
2 feuilles de menthe
10 cl de lait de soja
ou 1 yaourt de soja vanille type Sojasun®
ou 100 g de tofu
4 glaçons

- Entreposez les ingrédients durant 2 heures au frais avant de mixer.
- Équeutez les fraises et passez-les rapidement sous l'eau.
- Mixez tous les ingrédients et dégustez immédiatement.

BONUS GOURMAND : Le mono-fruit avec le soja, rien de mieux pour apprécier le vrai goût du fruit ! Faites des variantes en remplaçant fraises et menthe par 2 poires et 1 pincée de cannelle, ou 1 petite barquette de framboises et 1 cuill. à soupe de miel, ou encore par 1 banane, 1 filet de jus de citron et 1 pincée de vanille en poudre. Idem avec des légumes : concombre, lait de soja, feuilles de menthe, sel et poivre. Et hop ! un gaspacho rapido !

smoothie régression

POUR 2 PERSONNES *Banane et fruits rouges*

1 banane
12 fraises ou 125 g de framboises ou de myrtilles ou de cranberries ou un mélange de baies rouges ou de mûres (frais ou surgelés)
1/2 citron
20 cl de lait de vache ou d'amande
1 cuill. à café de vanille liquide
1 cuill. à café de miel

- Entreposez les ingrédients durant 2 heures au frais avant de mixer.
- Pelez la banane. Équeutez les fraises et passez-les rapidement sous l'eau. Exprimez le jus de citron.
- Mixez tous les ingrédients et dégustez immédiatement.

BONUS GOURMAND : Si vous n'avez pas de lait d'amande, mélangez 20 cl de lait bouillant et 80 g de poudre d'amande ; laissez infuser jusqu'à refroidissement et réservez au frais. Et pour varier les plaisirs, remplacez les fruits rouges par 2 pêches ou 4 abricots ; c'est tout aussi délicieux ! Ce smoothie convient parfaitement aux ados les plus affamés !

cocktail bonne mine

POUR 2 PERSONNES *Abricot, melon et carotte*

2 abricots
1/2 petit melon
1 peu de zeste d'orange rapé
25 cl de jus de carotte
4 glaçons
1 cuill. à soupe d'eau de fleur d'oranger

▪ Entreposez les ingrédients durant 2 heures au frais avant de mixer.

▪ Lavez et dénoyautez les abricots, pelez et épépinez le melon.

▪ Mixez tous les ingrédients (sauf le zeste), versez dans les verres et parsemez de zeste d'orange. Dégustez immédiatement.

BONUS GOURMAND : Vous pouvez remplacer le melon par 1 orange, c'est aussi délicieux. Ce cocktail est censé donner un teint de rose, amabilité, etc.

smoothie
multivit

POUR 2 PERSONNES *Multifruits*

de l'ananas
du melon
de la pêche
du fruit de la Passion
de la papaye
de la mangue
4 glaçons
1 boule de glace vanille

- Entreposez les ingrédients durant 2 heures au frais avant de mixer.
- Pelez les fruits, environ 500 g.
- Mixez tous les ingrédients, sauf la boule de glace. Posez une demi-boule de glace sur le dessus de chaque verre et dégustez immédiatement.

BONUS GOURMAND : Peu importent les quantités individuelles de chaque fruit, pourvu que le bol d'un blender de 1,5 l soit rempli au tiers (soit 500 g). C'est l'occasion d'utiliser les fruits qui restent dans la corbeille… pour en recomposer une autre toute fraîche !

Ultra Power
Electronic Mixing Sensor

smoothie pommettes roses

POUR 2 PERSONNES *Abricot, fraise et framboise*

8 abricots
18 fraises
10 framboises
1 yaourt nature (ou à l'un des parfums de fruits frais utilisés) ou 20 cl de lait
2 cuill. à café de miel
4 glaçons

- Entreposez les ingrédients durant 2 heures au frais avant de mixer.
- Lavez et dénoyautez les abricots. Équeutez les fraises puis passez-les rapidement sous l'eau.
- Mixez tous les ingrédients et dégustez immédiatement.

BONUS GOURMAND : Mixez 4 fraises Tagada® dans le blender vide et saupoudrez-en le smoothie : effet garanti ! Les abricots surgelés vont très bien dans cette recette.

smoothie flashdance

POUR 2 PERSONNES *Pomme, ananas et fraise*

2 pommes
ou 25 cl de jus de pomme
1/4 d'ananas
125 g de fraises
ou de framboises
2 boules de glace à la fraise
ou à la framboise
ou à la mangue
ou à la vanille

▪ Entreposez les ingrédients durant 2 heures au frais avant de mixer.

▪ Exprimez le jus des pommes si besoin, pelez l'ananas et équeutez les fraises après les avoir passées rapidement sous l'eau.

▪ Mixez tous les ingrédients avec une boule de glace. Posez une demi-boule de glace sur le contenu de chaque verre et dégustez immédiatement.

BONUS GOURMAND : Les fraises et les framboises sont assez interchangeables. Les framboises surgelées sont, elles, disponibles en toutes saisons... C'est le smoothie préféré de tous les petits rats de l'opéra après leur cours de danse.

O
I
Pulse

cocktail **automne**

POUR 2 PERSONNES *Raisin, poire et pomme*

250 g de raisin blanc
2 poires
1 pomme ou 12,5cl de jus de pomme
1 cuill. à soupe de jus de citron
4 glaçons
1 trait de sirop de grenadine 100 % naturelle

▪ Entreposez les ingrédients durant 2 heures au frais avant de mixer.

▪ Lavez et égrappez les raisins. Pelez la pomme si besoin et ôtez les pépins. Pelez les poires, ôtez les cœurs et exprimez le jus de citron, si besoin.

▪ Mixez tous les ingrédients, sauf le sirop. Filtrez dans une passoire pour retenir les pépins. Versez le sirop dans chaque verre après y avoir versé le cocktail et dégustez immédiatement.

BONUS GOURMAND : « 1 pomme par jour chasse le médecin » disent les Anglais. Surtout, si l'on vise bien, disait ma grand-mère !

smoothie **hindi**

POUR 2 PERSONNES *Banane, coco et curcuma*

2 bananes
15 cl de lait de coco
4 pincées de curcuma
1 trait de jus de citron
4 glaçons

▪ Entreposez les ingrédients durant 2 heures au frais avant de mixer.

▪ Pelez les bananes.

▪ Mixez tous les ingrédients et dégustez immédiatement.

BONUS GOURMAND : L'association banane et lait de coco est une variante de la classique Piña colada qui se réalise, elle, avec de l'ananas à la place de la banane ; il vous suffit de remplacer les 2 bananes par 1/4 d'ananas, les 4 pincées de curcuma par quelques gouttes d'extrait de vanille, et de spprimer le jus de citron. La version originale consiste à y ajouter du rhum blanc. Avec modération, bien entendu !

smoothie orangeana & cie

POUR PERSONNES *Orange, banane et fraise*

2 oranges
ou 20 cl de jus d'orange
1 banane
125 g de fraises
ou de framboises
4 glaçons
1 boule de sorbet citron vert

- Entreposez les ingrédients durant 2 heures au frais avant de mixer.
- Pressez les oranges, pelez la banane et équeutez les fraises après les avoir passées rapidement sous l'eau.
- Mixez tous les ingrédients, sauf le sorbet. Posez une demi-boule de sorbet sur le contenu de chaque verre et dégustez immédiatement.

BONUS GOURMAND : Le petit plus original consiste à remplacer les fraises ou les framboises par des cranberries (on les trouve sous leur nom anglais, ou en français : canneberges).
Ou remplacez les fraises (ou les framboises) par une demi-mangue pelée. Et si vous n'avez pas de sorbet, mettez du lait (15cl).

cocktail pur été

POUR 2 PERSONNES *Melon et pêche*

1/2 petit melon
2 pêches
ou 20 cl de jus de pêche
4 glaçons

- Entreposez les ingrédients durant 2 heures au frais avant de mixer.
- Pelez le melon et les pêches. Épépinez le melon et ôtez le noyau des pêches.
- Mixez tous les ingrédients et dégustez immédiatement.

BONUS GOURMAND : Variez les plaisirs avec le cocktail melon-figue : 1/2 melon, 4 belles figues et 4 glaçons. Écoutez, on entend presque les cigales chanter...

smoothie
été indien

POUR 2 PERSONNES *Figue et amande*

4 figues
30 cl de lait d'amande
1 cuill. à soupe de miel
4 glaçons

▪ Entreposez les ingrédients durant 2 heures au frais avant de mixer.

▪ Pelez les figues.

▪ Mixez tous les ingrédients et dégustez immédiatement.

BONUS GOURMAND : Si vous n'avez pas de lait d'amande, fabriquez-en tout simplement avec 30 cl de lait bouillant et 120 g de poudre d'amande ; laissez infuser jusqu'à refroidissement et réservez au frais. Essayez la version figue, banane et amande : 2 belles figues, 1 banane, 1 trait de jus de citron, 15 cl de lait de vache ou d'amande et 4 glaçons. Un régal !

smoothie pruprune

POUR 2 PERSONNES *Prune, citron et miel*

350 g de prunes entières
ou 300 g de prunes surgelées
1 yaourt au citron ou à la vanille
2 cuill. à soupe de jus de citron
2 cuill. à café de miel
4 glaçons

- Entreposez les ingrédients durant 2 heures au frais avant de mixer.
- Dénoyautez les prunes.
- Mixez tous les ingrédients et dégustez immédiatement.

BONUS GOURMAND : Servez avec une pincée de cannelle en poudre pour ceux qui aiment. Si vous utilisez des prunes fraîches, vous pouvez congeler ce smoothie pour en faire un sorbet… à accompagner, pour les amateurs, d'alcool de prune du genre « Vieille Prune de Souillac ». Avec modération, bien entendu !

index des recettes

Shopping
Alain Villechange : verres p. 15, 65 ; **BHV** : planche p. 25 ;
Casa : verres p. 59 ; **The Conran Shop** : verres p. 23 ; **Habitat** : assiettes p. 13, 15, 63, bol p. 35, 57, verres p. 21, 39, 51, 63, tasse et plateau p. 43 ; **KitchenAid** : Blender « Ultra Power » de KitchenAid (Infos lecteurs : 0080038104026, www.kitckenaid.fr) page de couverture et p. 4, 6, 8, 11, 19, 25, 29, 53, 55, 61, 69 ; **Laurence Brabant** : verres p. 13, 45, mug p. 43 ;
Moline : tissus p. 27, 51, 57, 59, 63, 67 ; **Muji** : planche p. 15, set de table et cuillère p. 47 ;
Plastiques : verre p. 67 ; **Sentou** : verres p 31 ;
Winkler : sets de table p. 13, 41.

Sylvia Gabet :
À mon amie Valérie ;
À Alice, Pierre et Nico, mes enfants et
à Francis, mon mari, fidèles testeurs
et affineurs de mes recettes.

Julie Schwob :
Je remercie très chaleureusement les personnes et marques suivantes :
Laurence Brabant pour ses verres sublimes à retrouver sur www.laurencebrabant.com
Alain Villechange pour ses créations superbes à retrouver sur www.villechange.org
Sentou, 24 rue du Pont Louis Philippe, 75004 Paris
Plastiques, 103 rue de Rennes, 75006 Paris
Ca va pas non !, chat unique et insupportable ! pour son aide constante...
Stephen Boudreau pour l'essentiel et tout le reste !

Photogravure : APS/Chromostyle

Achevé d'imprimer en octobre 2009 chez POLLINA à Luçon - L51889
Dépôt légal : octobre 2009
Imprimé en France